仕事終わりでもサッと作れて、
じんわり美味しいレシピ 30 days

わたしが整う、
ご自愛ごはん

長谷川あかり

はじめに

とっておきのひと皿を前に、自己評価がぐっと上がったり、

沸き立つ湯気の温かさに、心励まされたり。

料理って実は、なかなかのセルフメディケーションです。

美味しさは、大切なようで絶対ではなくて、

むしろ味わいたいのは、自分を、そして日々の生活を愛おしむ気持ち。

体のことを思いながら、ごはんを作り続けるのもご自愛。

疲れた日には、「今日は楽しよう」とテイクアウトに頼るのもご自愛。

むりすることなくシンプルで、それでいてちょっと工夫がある。

「こんなの作れちゃった！」なんてワクワクもある。

料理の常識を時には忘れて、いらない手間は潔く省いて。

あわただしい平日も、友だちを招く少し張り切りたい日も。

この本のレシピが、あなたの「作りたい」をいつでも手助けできる、

お守りのような存在になれますように！

Contents

2 はじめに
6 おうち料理が楽で楽しくなる3 Tips

ご自愛マインド別レシピ

補いたい成分から逆引き 体がよろこぶ美容レシピ

12 さけとミニトマトのクリームチーズ煮
14 ささみときのこのシンプル炒め
16 たらと春菊の白ワイン蒸し
17 発酵ドリンク 日本酒ココア / ジャクルト

包丁を使わずに楽に楽しく料理したい 時間がない日の楽々レシピ

18 豚と白菜の梅酒蒸し
20 千切りキャベツとクリームチーズの春巻き
22 厚揚げとにんにくのポン酢炊き込みごはん
24 ニラとひき肉の台湾風ラーメン
26 **Column** ご自愛できるコンビニごはんの選び方

疲れていてもすぐに作れて、ちゃんと滋味深い "限界丁寧"レシピ

28 鶏とカリフラワーのリゾット
30 オクラとみょうがの冷たいスープ
31 豆腐と豆乳のあったか塩昆布スープ

わいわい食べたいときの簡単ごちそう 振る舞いたくなる洒落感レシピ

32 パセリの塩ミートソースパスタ /
シャインマスカットしょうが和え / たことうずらのサラダ
34 ささみといんげんの梅バジル和え
36 鶏むね肉のしょうがオイルコンフィ
38 おうちカクテル
柚子こしょうレモンサワー / みりんのほうじ茶割り
焼酎の甘酒ライム割り / アールグレイ白ワイン

健康的に食欲を満たしたい！ ガッツリ満腹レシピ

40 豚のクミン揚げ
42 鶏とセロリのシンプル焼きそば
44 豚とトマトのピリ辛炒め

目次

平日 ⑤ days レシピカレンダー × 4 Weeks

1st Week

50　豚こま団子と玉ねぎの煮込み・ゆでごぼうの塩バター和え
52　さけののりバターソース・ブロッコリーとじゃがいものポテサラ
54　ブロッコリーとさば缶梅トマトスープ・大葉のごはん
56　鶏とズッキーニの炊き込みごはん・アミエビと切り干し大根のしょうゆ炒め
58　トマトと鶏むね肉の出汁煮・わかめの梅しょうが納豆和え
60　Column　もし食材が余ったら…　なんでもナムル / ぶち込みスープ

2nd Week

64　納豆とトマトのうどん・ピーマンの塩炒め
66　たらと長ねぎ、ピーマンの南蛮風・カニかまとチンゲン菜の炊き込みごはん
67　中華風具だくさんスープ
68　しらすニラ玉・おろしきゅうりの冷奴
70　きゅうりと豚の塩昆布炒め・ニラ温奴
72　Column　個人的な器の話

3rd Week

76　豚と長いもの黒ごま炒め・しらす、玉ねぎ、わかめのごま油蒸し
78　小松菜と塩昆布のパスタ・レタスと卵の蒸しサラダ
80　和風クラムチャウダー
81　鶏と切り干し大根のマスタード煮・れんこん塩にんにく和え
82　鶏とかぶのこしょうバター鍋・ゆで卵とにんじんのサラダ

4th Week

86　豚とキャベツの白ワイン蒸し・パプリカライス
88　塩さばと大根のレモンじょうゆ蒸し・ほうれん草の豆乳おひたし
89　豚とキャベツの豆乳鍋
90　鶏ひき肉とアスパラガスの和風あんかけ丼・鶏昆布出汁とミニトマト、ほうれん草のスープ
92　かぼちゃとチキンのリゾット・大根とツナのサラダ

94　おわりに

本書は、雑誌『BAILA』、公式ウェブサイト『＠BAILA』の連載『長谷川あかりのご自愛ごはん』にて掲載された33品のレシピに、35品の新作を加えて再構成したものです。

おうち料理が楽で楽しくなる

3 Tips

1 "めんどくさい"を アイデアでカット

具材にかつお節や昆布を加えて、手軽に出汁がわり。肉は、食品トレイの上でキッチンバサミで切れば、包丁とまな板は必要なし。調味料は、サラッとしたもの（塩など）→液体の順に量って、スプーンを洗う手間をカット。時には"料理の常識"から、少し外れても気にせずに。

2 1食2品で、 むりなく上手に バランスをとる

おかずの種類を増やすことより、大切なのは栄養バランス。ビタミン、食物繊維、たんぱく質に炭水化物。それらがある程度バランスよくとれていれば、おかずは2品で十分、時には1食1品でも問題ないのです。ごはんと野菜、肉か魚。この3つを入れ込めばたいてい解決。

3 食材を グッとしぼって 失敗知らず

栄養バランスは1週間単位で考えればOK。1食につき、1種の野菜をたっぷり食べるのもあり。食材をしぼれば、何より料理自体がシンプルになって楽！ また、ベストな焼き加減やゆで加減は食材によりさまざま。数をしぼれば、美味しい一瞬を見極めるのも簡単。

これさえ押さえておけばOK!

基本の調味料

塩
味つけの基本。本書では、精製塩ではなく粒の粗いタイプの塩を使用。塩けがまろやかに感じるのでおすすめ。

砂糖
肉の下味や合わせ調味料に使うと味わい深く。本書では甘みづけというより、美味しさを格上げする役割。

しょうゆ
和食のほか洋風料理の隠し味にも活躍。薄口しょうゆは塩気が強め。料理を淡い色に仕上げたいときに登場。

料理酒
料理にコクをプラスする、欠かせない存在。料理酒は塩が入っているので、これひとつで下味がつくのも楽。

みりん
甘みとほどよいコクを足したいときに使う。砂糖の甘さよりおだやかで、料理の味が一段深くなるのが特徴。

酢
酸味を足すときはもちろん、味わいに奥行きを出したいときに少量使う。味を引き締めたいときにも。

みそ
少し入れるだけで、絶妙なコクが出せる。商品によって塩分が変わるので、味をみながら量を調整して。

ポン酢しょうゆ
味が完成されているので、これひとつで味が決まるのがうれしい。ゆで野菜にかければ、すぐ一品完成。

マヨネーズ
ひとつで味を決めると重たくなってしまうので、レモン汁や粒マスタードなどの風味を足して軽やかに。

油
ごま油、オリーブオイルなど、油は風味を足す役割も。炒め油としておすすめなのは、健康にも美容にもいい太白ごま油。もちろん、クセの少ないそのほかの好みの油でもOKです。

黒こしょう
ミル（スーパーでも売ってます！）と一緒に"粒"で買うのがコツ！　丸ごと使えば食感のアクセントになって、一気に味がおしゃれに。普段はミルで粗くひいて香りを楽しむ。

片栗粉＆小麦粉
ほどよいとろみをつけたいとき、揚げ焼きをカリッと仕上げたいときに。食感の変化で料理の美味しさを底上げ！　ボトル入りなら、手も汚れずにサッと振りかけられて便利。

もはや基本の調味料

ミニトマト
甘酸っぱくてうま味も栄養もいっぱい。火を入れれば、とろりとソース感覚に。調味料では作り出せない、奥行きのある味わい。

味わいの幅が広がる常備食材

風味は"美味しい"をつくる大切な要素。特に、にんにく、しょうが、レモンは味わいにアクセントをつけてくれる私のレシピに欠かせない存在です。さらにローリエ、昆布、長ねぎやのりは、「使えば格段に美味しくなるもの」。常備して後悔なしの押さえてほしい食材です。

本書の決まりごと
○ 計量単位は大さじ1＝15ml、小さじ1＝5ml、1合は180mlです。
○ "ひとつまみ"は親指、人さし指、中指の3本でつまんだ量としています。
○ 食材を洗う、ヘタや種を取る、皮をむくなどは省略してあります。指定がない場合は、適宜行ってください。
○ 料理酒のかわりに清酒を使う場合は、適宜塩を足してください。

For Every Selfcare

日々、口にするものが体をつくる。

もちろんそれはわかっているから、できるだけ **体にいいもの** を選びたい。

さらに、美味しければ言うことなし。とはいえ、面倒なことはやっぱり苦手……。

私たちが求めているのは、

そんな「 **楽して美味しい** 」ちょっと都合のいいレシピです。

疲れてくたくたな日は、手早く作れるのに

まるで手間をかけて作ったかのような **やさしく満たされる味。**

友だちと過ごすひとときには、作りながら味わいながら、

気分が上がる **華やかなひと皿** 。しみ入る美味しさ、ハッとする味わい。

時に訪れる **ガッツリ食べたい** 夜だって、そのわがままは満たしつつ、

食べ終えたあとはどこか軽やかな気分でいたい。

大切なのは、今、食べたいものがちゃんと見つかること。

多忙な日々を過ごす私たちに、むりのないこと。

美味しくて、健康的で、そして何より、作った私がうれしくなる。

そんなレシピに出合えたなら、私たちはきっと、もっと料理を楽しめるのです。

p.12
補いたい成分から逆引き **体がよろこぶ美容レシピ**

p.18
包丁を使わずに楽に楽しく料理したい **時間がない日の楽々レシピ**

p.28
疲れていてもすぐに作れて、ちゃんと滋味深い **"限界丁寧"レシピ**

p.32
わいわい食べたいときの簡単ごちそう **振る舞いたくなる洒落感レシピ**

p.40
健康的に食欲を満たしたい！ **ガッツリ満腹レシピ**

今の気分からレシピを選ぶ
ご自愛マインド別レシピ

For Every Selfcare

#1

Inner Beauty

補いたい成分から逆引き
体がよろこぶ美容レシピ

抗酸化作用を持つ食材をダブル使い！

さけとミニトマトの
クリームチーズ煮

さけに含まれるアスタキサンチンと
トマトのリコピンで、美味しく美肌。

材料　2人分

生ざけの切り身	2切れ（180g）
玉ねぎ	½個
小麦粉	小さじ2
塩	適量
A　ミニトマト	1パック（15〜20個）
クリームチーズ	30g
塩	ひとつまみ
水	200ml
オリーブオイル	小さじ1

作り方

1 生ざけに塩ひとつまみをまんべんなく振りかけて10分おく。キッチンペーパーで出てきた水気をふき取り、小麦粉を全体にまぶす。玉ねぎは2mm幅の薄切りにする。

2 深めのフライパンにオリーブオイルを中火で熱し、①の玉ねぎと塩ひとつまみを加えて炒める。しんなりしたら端に寄せ、空いたところに①のさけを皮を下にして入れ、両面こんがりと焼く。

3 Aを加え、煮立ったらふたをして弱めの中火で15分煮込む。トマトをかるくつぶし、全体をなじませる。

小麦粉をまぶしておくと、焼いてもさけがしっとり。ソースにもとろみが

玉ねぎはわざわざ取り出さなくてOK。端にさっと寄せてさけを焼き始めて

トマトは具材であり、ソース。かるくつぶしてくたっとするまで火を入れて

腸が整えば、肌もすこやか

ささみときのこの シンプル炒め

ささみは肌の土台になるたんぱく質を豊富に含むうえ、ローカロリー。
食物繊維たっぷりのきのこを合わせて、整腸方面にも抜かりなし。

材料　2人分

鶏ささみ	3本（180g）
エリンギ	1パック（100g）
マッシュルーム	½パック（50g）
片栗粉	小さじ1
料理酒	大さじ1
塩	適量
粗びき黒こしょう	少々
オリーブオイル	大さじ1

作り方

1 ささみは2cm角に切る。塩少々を振ってなじませ、片栗粉を全体にまぶす。

2 エリンギは2cm角に、マッシュルームは4等分に切る。

3 フライパンにオリーブオイルを中火で熱し、①を炒める。色が変わったら、②、料理酒、塩小さじ⅓を加え、強めの中火で炒める。水気が飛んで全体につやが出たら火を止め、器に盛りつけて黒こしょうを振る。

片栗粉をまぶすことで、水分となじませたときにツルッとした食感が楽しめる

片栗粉の粉感がなくなるまで、全体にしっかりと、もみ込むようにまぶす

塩の効果により、きのこから水分が出てくることで片栗粉のとろみが生まれる

肌の潤いとターンオーバーを促進

たらと春菊の白ワイン蒸し

春菊のβカロテンは美肌の強い味方。バターの脂分を加え、
より効率よく摂取します。高たんぱく＆低脂質のたらと合わせて。

材料　2人分

真だらの切り身	2切れ
春菊	1袋（200g）
じゃがいも	小1個（60g）
小麦粉	小さじ2
白ワイン	50ml
塩	適量
バター	10g
粉チーズ	適量

作り方

1 たらに塩ひとつまみを振って10分おく。キッチンペーパーで出てきた水気をふき取り、小麦粉を全体にまぶす。

2 春菊は4cm長さに切り、じゃがいもは5mm幅の半月切りにする。

3 フライパンにバターを中火で熱し、①を皮を下にして入れ、両面こんがりと焼く。

4 ②と白ワインを加え、塩小さじ¼を振る。ふたをして弱めの中火で8分蒸す。全体を混ぜ、水気が残っていたらかるく煮詰める。器に盛りつけ、粉チーズをかける。

"美しい"をつくる
発酵ドリンク

心も体もホッと温まる
日本酒ココア

カカオ豆のポリフェノールと
日本酒に含まれるコウジ酸。
ダブルで美味しくシミ予防！

材料　1人分

ココアパウダー（無糖）、 砂糖	各小さじ2
牛乳	大さじ3
日本酒	大さじ2
粉山椒	少々

作り方

1 マグカップに日本酒を入れる。
2 小鍋にココアパウダーを入れ、弱火にかける。泡立て器で混ぜながら煎り、色が濃くなったら水大さじ3を少しずつ加えて練る。牛乳、砂糖を加えてよく混ぜ、火を止める。
3 ②を①に注ぎ、粉山椒を振る。

発酵の力に香りをプラス
ジャクルト

ヤクルトの乳酸菌で、腸から美しく！
ジャスミンティーと合わせて大人味。

材料　1人分

ジャスミンティー	100ml
ヤクルト	1本（65ml）

作り方

氷をたっぷり入れたグラスにジャスミンティーを注ぎ、ヤクルト1本を加えて混ぜる。

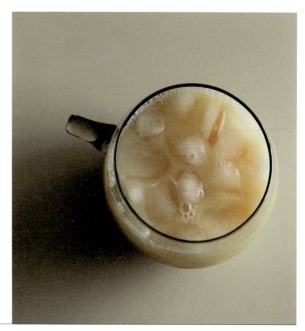

#2

Quick & Easy

For Every Selfcare

包丁を使わずに楽に楽しく料理したい
時間がない日の楽々レシピ

疲れた夜、これなら作れる食べられる

豚と白菜の梅酒蒸し

しみじみしつつ満足感があるのは、梅＆バターの滋味とコク。
豚肉をキッチンバサミで切れば、包丁いらずでメインが完成。

材料　2人分

白菜	300g
豚ロース肉しゃぶしゃぶ用	160g
梅干し（塩分濃度10％程度の甘くないもの）	1個
料理酒	50ml
塩	小さじ⅓
バター	3g
粗びき黒こしょう	適量

作り方

1 白菜は手で一口大にちぎって深めのフライパンに入れる。皮を破った梅干し、料理酒、水100mlを加え、ふたをして中火で8分蒸す。

2 豚肉を食品トレイの上でキッチンバサミで食べやすい大きさに切り、①に加える。塩を加えて菜箸で混ぜ、水気を飛ばしながら火が通るまで炒め煮にする。

3 バターを加えて火を止め、さっと混ぜ合わせる。器に盛りつけて黒こしょうを振る。

白菜も包丁とまな板を使う必要なし。食べやすい大きさに、パリパリとちぎれば手間いらず

梅干しは、味が出やすいように皮を破る。種の周りにうま味があるので種はそのまま

15 min

カット野菜を使えばこんなに簡単！
千切りキャベツと
クリームチーズの春巻き

味つけは、クリームチーズにほぼおまかせ。
ハードルの高い揚げものは、"揚げ焼き"で攻略。

皮の向こうにAを塗り、手前に豚肉を1枚置く

材料　5本分

春巻きの皮	5枚
豚バラ薄切り肉	2〜3枚（50g）
千切りキャベツ（市販）	160g
クリームチーズ	50g
塩	適量
粗びき黒こしょう	適量
A｜小麦粉、水	各大さじ½
揚げ油（サラダ油など）	適量
レモン	適量

クリームチーズの塩気でしんなりしたキャベツをのせる

作り方

1 豚肉はキッチンバサミで2〜3等分に切って5枚に分ける。

2 ボウルにキャベツを入れ、クリームチーズを細かく分けながら加える。塩小さじ¼と黒こしょうを振り、キャベツが少ししんなりするまで菜箸でよく和える。

3 春巻きの皮を角が手前になるように置く。奥に混ぜ合わせたAを塗り、手前側に①→②の順にのせて巻く。

4 フライパンに油を深さ1cmほど注ぎ、火をつける。油が温まったら、③を入れて弱火にし、きつね色になるまで上下を返しながら揚げ焼きにする。油をきって器に盛りつけ、塩少々を振り、レモンを添える。

まずはぐるりとひと巻き、具を全部巻き込んで

左右をたたんで

くるくると巻いて、巻き終わりをAで留める

ご自愛マインド別レシピ　　#2　　時間がない日の楽々レシピ

炊飯器まかせで、栄養完全チャージ！

厚揚げとにんにくの
ポン酢炊き込みごはん

主役は、たんぱく質に加え、ビタミン＆ミネラルも豊富な厚揚げ。調味料は、ポン酢と塩で潔く。炊飯器に入れたら、調理は完了！

材料　2人分

米（といで水気をきっておく）	1合
厚揚げ	1枚（150g）
A　にんにくのすりおろし	½かけ分
ポン酢しょうゆ	大さじ3
塩	ひとつまみ
小ねぎ	適量

作り方

1 炊飯器の内釜に米とAを入れ、1合の目盛りまで水を注いでさっと混ぜる。厚揚げを入れて炊く。
2 炊き上がったら厚揚げをくずしながらさっくりと混ぜる。器に盛りつけ、小ねぎをキッチンバサミで切ってのせる。

水を入れる前に調味料を入れる。この順番さえ間違えなければ、難しいこといっさいなし

厚揚げは、切らずにドーンとのせるだけ。炊飯器で加熱すると、もっちりした食感になる

炊き上がったら、全体を混ぜる。厚揚げはざっくずす程度にすると食べ応えある一杯に

ごま油でアミエビをじっくり炒める。これが第一のうま味の素

ひき肉、しょうが、にんにくを加え、うま味と香りをさらに重ねる

15 min

うま味食材満載で、
お手軽なのに本格味

ニラとひき肉の台湾風ラーメン

ひき肉とアミエビから出る、濃厚出汁。
ニラたっぷりで元気の源になる一杯。

材料　2人分

中華麺	2玉
ニラ	1束
アミエビ（乾燥）	5g
A　豚ひき肉	100g
にんにく、しょうがのすりおろし	各1かけ分
しょうゆ	大さじ2
みりん	大さじ1
塩、酢	各小さじ1
ごま油	小さじ2
粗びき黒こしょう	適量

作り方

1 中華麺は袋の表示どおりにゆで、さっと洗ってぬめりを取り、水気をきって器に盛りつける。

2 鍋にごま油とアミエビを入れ、弱火で炒める。香りが立ったら**A**を加える。肉の色が変わるまで炒めたら、しょうゆとみりんを加え、中火で水気がなくなるまでよく炒める。

3 水800mlを加え、煮立ったら塩と酢を加える。火を止め、味をみて塩（分量外）で調え、ニラをキッチンバサミで1cm幅に切って加えて、余熱で火を通す。

4 ①の器に③を注ぎ、黒こしょうをたっぷり振る。

ニラは鍋の上で、キッチンバサミで切り落として

盛りつけるときは、ニラを麺の上にのせるように

Column

限界の日でも整いたい！
ご自愛できる
コンビニごはんの選び方

美味しいものいっぱいのコンビニは、追い込まれた日の強い味方。
少し選び方を意識するだけで、栄養バランスばっちりの一食が完成です。

基本ルール

選ぶときは、

たんぱく質	2
炭水化物	1
野菜	3

の栄養バランスを意識

あくまで"ざっくり計算"でOK

「見た感じ野菜が多い！ 肉も入ってる！」くらいの気軽さで。比率として、ごはんやパンなどの炭水化物を1としたとき、野菜は3、肉や魚などのたんぱく質は1〜2あればOK。野菜は濃い色の食材が入っているとさらに◎。ひじきや切り干し大根の煮ものなど、昔ながらのおかずは食物繊維豊富なのでぜひ！

炭水化物を抜くのはNG

炭水化物＝太る、の思い込みはすっぱり捨てましょう！ 炭水化物を減らしてしまうと、結局はおかずを増やさないと満足できなくなり、どうしても脂質が増えてしまう結果になりがちです。ごはんなどの炭水化物でしっかり満足感を得るほうが、ずっと健康的でバランスのよい食事になるのです。

コツは
"いろいろ入っているもの"
を選ぶこと

食材が増えれば栄養素が増える

自分で食材をそろえるのは大変だけれど、コンビニごはんなら選び放題。ここは感謝しながら、食材はどんどんよくばりましょう。"色数が多い"ものが狙い目。

迷ったら、肉がのっているサラダ

理由は、野菜のビタミンや食物繊維に加え、たんぱく質も一緒に効率よくとれるから。肉じゃなくてもツナ、もしくは卵がのっているものでもOKです。

実践してみよう！

ある日の理想的な1食分コンビニ献立

たとえばこんなセレクトなら、栄養バランス優等生。
野菜・肉か魚・ごはん（やパン）がそろっていれば、合格です！

おにぎり

ごはんで炭水化物、のりで食物繊維やビタミンを摂取。具が梅干しなら、ビタミンや食物繊維の摂取量アップ。ツナマヨにすれば、たんぱく質もあわせてとれます。

ゆで卵

手軽にとれるたんぱく質といえばこちら。ビタミンCと食物繊維以外の栄養素を含んでいることから、ほぼ完全栄養食ともいえるのです。

ひじき煮

食物繊維が豊富なことで知られるひじき。さらににんじんでカロテン、大豆でたんぱく質、れんこんでカリウムなど、おかず1種で栄養素がたっぷりとれます。

豚しゃぶサラダ

サラダでビタミンや食物繊維を、豚肉でたんぱく質を摂取。食欲がなくてガッツリ系の肉類がきついときもこれならさっぱりしていて美味しく食べられます。

Akari's 定番コンビニ食品

もずく酢
まさに食物繊維のかたまり。食後血糖値の急上昇を抑える効果も期待。

根菜サラダ
煮もの系がないときは、こちらもおすすめ。食物繊維を確実に摂取！

カニかまスティック
実はこちらも、たんぱく質にカウントしてよし。手軽なのが最高！

ハムレタスサンド
1品で、炭水化物、たんぱく質、ビタミン、食物繊維がとれる！

コラム

#3 Digestible
For Every Selfcare

疲れていてもすぐに作れて、ちゃんと滋味深い
"限界丁寧"レシピ

煮込み時間は、
休憩気分でどうぞ

鶏とカリフラワーのリゾット

ほろほろに煮込んだカリフラワーで、
お腹をじんわりやさしく温めて。

材料　2人分

米（とがずに）	100g
鶏もも肉	100g
カリフラワー	½個
にんにく	1かけ
バター	10g
A　塩	小さじ½
粉チーズ	大さじ1
レモン汁	大さじ1
レモンの輪切り	2枚

作り方

1 鶏肉は2cm角に切る。カリフラワーは小房に分け、にんにくはみじん切りにする。

2 鍋にバターを中火で熱し、①のにんにくと鶏肉を入れ、炒める。鶏肉の色が変わったら米をとがずにそのまま加え、透明になるまで炒める。

3 ①のカリフラワーとお湯200ml、塩ひとつまみ（分量外）を加えてかるく混ぜ、弱めの中火でふたをせず煮る。水の量が減ってきたらお湯200mlを2回に分けて加え、15分煮込んだら火を止める。

4 Aを加えて混ぜ、再び弱めの中火にかけて1〜2分煮込んだら器に盛りつけ、レモンをのせる。

火を使わなくても
美味しい一杯

オクラと
みょうがの
冷たいスープ

15分おけば、昆布からうま味が出ます。
食欲のない暑い時季も、これなら！

材料　2人分

オクラ	1袋（7〜8本）
みょうが	1本
絹ごし豆腐	½丁
A 昆布	2g
冷水	500ml
塩、オリーブオイル	各小さじ1
酢	大さじ½

作り方

1 オクラはヘタを切り落とし、ごく薄い輪切りにする。みょうがもごく薄い輪切りにする。ボウルに入れてAを加えてよく混ぜ、冷蔵庫で15分ほどおく。

2 昆布を取り出し、豆腐をスプーンですくって加える。味をみて塩（分量外）で調えて器に盛りつける。

体をいたわる
大豆のやさしさ

豆腐と豆乳のあったか塩昆布スープ

消化のいい豆腐を、豆乳でかるく煮て。
塩昆布からも、いい出汁が出るのです。

材料　2人分

無調整豆乳	400ml
絹ごし豆腐	½丁（150g）
塩昆布	12g
塩	適量
小ねぎの小口切り	適量

作り方

1 鍋に豆乳、スプーンで大きめの一口大にすくった豆腐、塩昆布を入れて中火で温める。
2 沸騰直前で火を止め、味をみて塩で調えて器に盛りつけ、小ねぎをのせる。

おもてなしパスタはスマートに

パセリの塩ミートソースパスタ

ミートソースは、ありきたりな"赤"を封印。
白ワインとチーズの香りで仕上げます。
パセリは、ちょっと驚くくらい入れるのが正解！

#4

材料　2人分

スパゲティ	160g
豚ひき肉	160g
玉ねぎ	½個
にんにくのみじん切り	1かけ分
パセリの葉	5本分（30〜50g）
白ワイン	100ml
塩	適量
粉チーズ	小さじ2
オリーブオイル	大さじ1
レモン（お好みで）	適量

作り方

1 玉ねぎはみじん切りにする。パセリの葉は粗く刻む。
2 鍋に湯を沸かし、塩（分量外・塩分1％になる分量）を加える。沸騰したらスパゲティを入れ、袋の表示より1〜2分短くゆでる。
3 フライパンにオリーブオイルを中火で熱し、にんにくと①の玉ねぎ、塩ひとつまみを加えて炒める。玉ねぎが透き通ったら、ひき肉と塩ひとつまみを加えてあまりほぐさないように炒める。
4 肉の色が変わったら、白ワイン、①のパセリ、塩小さじ½を加え、1〜2分強めの中火で煮込み、アルコール分を飛ばす。
5 ④のフライパンに②のゆで上がったスパゲティとゆで汁おたま1杯弱（80mlほど）を加える。火を少し強くし、一気に煮詰める。水分が白っぽく乳化したら火を止め、味をみながら粉チーズを少しずつ加えてよく混ぜる。器に盛りつけ、お好みでレモンをしぼっていただく。

Fun & Tasty

わいわい食べたいときの簡単ごちそう
振る舞いたくなる洒落感レシピ

フルーツ使いで料理上手気分

シャインマスカットしょうが和え

しょうがと大葉の香りで、マスカットの甘さを引き立てて。

材料　2人分

シャインマスカット	16粒
大葉	2枚
A しょうがのすりおろし、太白ごま油	各小さじ2
塩	ひとつまみ
白いりごま	適量

作り方

1 シャインマスカットは半分に切る。大葉は千切りにする。

2 ボウルに①とAを入れてよく和えて器に盛りつけ、ごまを散らす。

ころころ感がかわいい前菜

たことうずらのサラダ

想像の上をいくおいしさの秘密は、隠し味のしょうゆです。

材料　2人分

ゆでだこ	70g
うずらの卵（水煮）	6個（50g）
A にんにくのすりおろし	小さじ¼
粒マスタード、マヨネーズ	各小さじ2
しょうゆ	小さじ1

作り方

1 たこは1.5〜2cm角のぶつ切りにする。

2 ボウルに①とうずらの卵、Aを入れてよく和える。味をみて塩（分量外）で調える。

美味しいって結局、組み合わせ！

ささみといんげんの梅バジル和え

ささみといんげん。このいつもの食材が、箸の止まらない一品に。
梅バジルは、おなじみ〝梅じそ〟の和洋ミックス進化版。
ほんのひと工夫で、おもてなしにもお似合いの美味しさです。

材料　2人分

鶏ささみ	2本（120g）
さやいんげん	1袋（150g）
バジルの葉	10枚〜
梅干し（塩分濃度10％程度の甘くないもの）	大1個
片栗粉	大さじ1
A　塩	小さじ⅓
にんにくのすりおろし	小さじ¼
酢、オリーブオイル	各大さじ1

作り方

1 ささみはそぎ切りにし、片栗粉を全体にまぶす。いんげんは食べやすく斜め切りにする。梅干しは種を取り除き、包丁で軽くたたいてほぐす。

2 鍋に湯を沸かし、塩少々（分量外）を加えて①のいんげんを中火で1分30秒ほどゆでる。ざるにあげて水気をよくきる。同じ湯に①のささみを入れ、3〜4分ゆでて中まで火を通す。ざるにあげ、水気をよくきる。

3 ボウルにバジルをちぎり入れ、①の梅干しと**A**を加えてよく混ぜる。②を加え、さらに和える。

いんげんはややかためにゆでる。ささみは片栗粉をまぶし、しっとりつるんとした食感に

具材の水気をしっかりきったら、全体に味がいきわたるように混ぜ合わせて

フレンチの定番を
中華風にアレンジ

鶏むね肉の
しょうがオイル
コンフィ

本来はオイルたっぷりで作りますが、
湯煎OKのポリ袋を使って少量の油で手軽に。
本家に負けないしっとり感に感激！

全体に味がなじむよう、フォークで裏表まんべんなく穴を開けておく

塩と砂糖を粒が見えなくなるまですり込む。砂糖は甘みというよりもまろやかに仕上げるため

材料　作りやすい分量

鶏むね肉（皮なし）	400g
塩	8g（肉の重さの2%）
砂糖	4g（肉の重さの1%）
しょうがのみじん切り	80g
ごま油	大さじ3

作り方

1　鶏肉の両面にフォークを刺して穴を開け、塩と砂糖を振って粒子が見えなくなるまでよくすり込む。
2　湯煎調理ができるポリ袋に①としょうが、ごま油を入れる。空気を抜いて口をしっかりと結ぶ。
3　鍋に②を入れ、かぶるほどの水を加えて中火にかける。ふつふつとしてきたら、ぴったりとふたをして弱火で15分加熱して火を止め、そのまま20分おく。
4　袋から鶏肉を取り出し、薄く切り分けて器に盛りつける。袋に残った汁としょうがをかける。

湯煎調理対応のポリ袋に入れて加熱

袋が鍋肌に直接触れないよう、お湯にしっかり沈めて。さらに袋の下に耐熱皿を1枚敷くと安心

テーブルがもっと華やぐ
おうちカクテル

2種の柑橘が香る
柚子こしょう レモンサワー

ピリッと辛みを効かせた、
和製ソルティドッグ。

作り方　1人分

氷を入れたグラスに、甲類焼酎50mlと柚子こしょう小さじ⅓を入れてよく混ぜる。強炭酸水130mlとレモン汁大さじ1を加え、かるく混ぜる。あればレモンのくし形切りを添える。

甘さにうっとり
みりんの ほうじ茶割り

こっくり甘いみりん＋ほうじ茶は、
どこか紹興酒のような味わい。

作り方　1人分

グラスに氷を入れ、本みりん50mlを注いでよく混ぜる。ほうじ茶150mlを加え、かるく混ぜる。

じんわり癒される
焼酎の
甘酒ライム割り

甘酒の穏やかな甘みに、
ライムの酸味をキュッと効かせて。

作り方　1人分

氷をたっぷり入れたグラスに、甲類焼酎30mlと麹甘酒80mlを入れてよく混ぜる。ライム果汁小さじ1½を加え、かるく混ぜる。あればライムのくし形切りを添える。

フルーティで軽やか
アールグレイ
白ワイン

華やかなアールグレイの香りを
白ワインにまとわせました。

作り方　1人分

氷を入れたグラスに、アールグレイ150ml、白ワイン50mlを注ぐ。レモン汁小さじ1を加えてよく混ぜる。

For Every Selfcaree

#5

Filling & Healthy

健康的に食欲を満たしたい！
ガッツリ満腹レシピ

クミンの香りが食欲を刺激！

豚のクミン揚げ

にんにくとクミンを効かせた
豚こまをカリッと揚げ焼き。
レモン塩をつけるとまた、
実にクセになる美味しさです。

作り方

1 ポリ袋に**A**を入れ、外側からよくもんでなじませる。片栗粉を加えたら、少し空気を入れて口をしっかりと持ち、よく振って肉全体が白っぽくなるまで片栗粉をしっかりまぶしつける。

2 小さめのフライパンに揚げ油を中火で熱し、①を1枚ずつ入れて両面揚げ焼きにする。油をきって器に盛りつける。レモン塩の材料を混ぜて添え、つけながらいただく。

材料　2人分

	豚こま切れ肉	150g
A	にんにくのすりおろし	小さじ¼
	クミンシード	小さじ1½
	塩	小さじ¼（肉の重さの1%）
	料理酒	大さじ1
	片栗粉、揚げ油	各大さじ3〜4
レモン塩	レモン汁	大さじ1
	塩	小さじ⅓

下味をつけるときは、ポリ袋を活用。手が汚れないうえに、調味料をむだなくもみ込める

ひき肉のゴロゴロ感で大満足

鶏とセロリの
シンプル焼きそば

ひき肉はほぐしすぎずにボリュームキープ。
セロリの香りと黒こしょうの刺激がアクセント。

セロリは、気になる筋をピーラーでさっと取り除くと、より食感が軽やかになる

ひき肉を入れたら、すぐに混ぜずに少し焼きつけて固める。そこからごく粗めにほぐして

材料　2人分

焼きそば麺	2玉
鶏ももひき肉	160g
セロリの茎	1本
にんにくのみじん切り	1かけ分
料理酒	大さじ3
レモン汁	小さじ2
塩	適量
オリーブオイル	大さじ½
粗びき黒こしょう	適量

作り方

1 セロリはピーラーでかたい筋を取り、5mm角に切る。
2 フライパンにオリーブオイルとにんにくを入れ、弱火にかける。香りが立ったらひき肉と塩ひとつまみを加え、あまりほぐさないように炒める。かるく肉の色が変わったら①を加え、肉の脂を吸わせながらセロリが透き通るまで炒める。
3 麺を加え、上から料理酒をかけてほぐしながら炒める。塩小さじ⅓とレモン汁を加えて汁気が飛ぶまで炒める。器に盛りつけ、黒こしょうをたっぷり振る。

仕上げのレモン汁は¼個分程度が目安

ご自愛マインド別レシピ　　#5　　ガッツリ満腹レシピ　　43

ガツンとくる味つけなのに、後味は軽やか

豚とトマトのピリ辛炒め

揚げ焼きした豚肉を、豆板醤としょうがでパンチある味つけに。
ただし、よく見ればほぼ半量がトマト。ごはんがどんどん進むのに、
食後はなぜか軽やかです。作り方もひと工夫凝らして、簡単に！

揚げ焼きの油をふき取って調理続行。ワンパンで完成！

材料　2人分

豚こま切れ肉	160g
トマト	大1個
しょうが	1かけ
片栗粉	大さじ3
A 豆板醤	小さじ½弱
料理酒	大さじ2
しょうゆ	大さじ1
みりん	小さじ1
ごま油	大さじ1½

作り方

1 豚肉は片栗粉を全体にまぶす。
2 トマトは8等分のくし形に切り、しょうがは千切りにする。Aをよく混ぜ合わせる。
3 フライパンにごま油を中火で熱し、①を両面こんがりと揚げ焼きにする。フライパンの余分な油をふき取り、②のトマトとしょうがを加え、Aを一気に加えて強めの中火で全体を混ぜながら炒める。
4 トマトがほんのりくずれ、調味料が煮詰まったら火を止め、味をみて塩（分量外）で調える。

5日分まとめて買ってぴったり使い切る！

平日
5
days
レシピカレンダー
×
4 Weeks

バランスのいい夜ごはんが効率よく作れる1週間の献立表。
買うべき食材はリスト化し、メニューと合わせて一覧に。
食材をまとめて買ってぴったり使い切れるよう調整して、
栄養バランスもしっかり計算しておきました！
美味しくて健康的。"ご自愛な食生活"への
最短ルートがこのカレンダーに！

2品献立で1週間の栄養バランスばっちり

基本的にメイン＋サブの組み合わせで、ミニマムに。1週間で栄養バランスを整えます。物足りない場合はパパッと作れる副菜（p.60参照）を加えてもいいし、買ってきたお惣菜をプラスしてもOK。

曜日は入れ替え可。水曜日が調整役

胃も気持ちも休めるために、水曜日はボリューミーな汁もの1品（＋α）で完結。余った野菜を加えるなどのアレンジも簡単。ほかの曜日のメニューとも相性がいいので、急な外食が入った日や料理をお休みしたくなったときのバッファとして活用して。

買い物リストで効率的に

食材は日曜日にまとめ買い。毎日の料理で大変なのが、献立作りと買い物。水曜日に買い足す食材も、日曜に買って冷凍するのもアリ。

洒落感食材の活用で、楽なのにお店の味！

クリームチーズや柚子こしょうなどの洒落味アイテムを使うだけで、テクいらずで一気に手間をかけた味に。

Recipe Calendar

1st Week

Mon. ——→ Fri.

Grocery List

日曜日　まとめ買い食材

トマト
大2個

ブロッコリー
1個

玉ねぎ
1個

パセリ
4~5本

ズッキーニ
1本

ごぼう
150g

まいたけ
1パック

じゃがいも
1個

大葉
1セット（10枚程度）

豚こま切れ肉
160g

生ざけ
2切れ

さば水煮缶
1缶

水曜日　買い足し食材

鶏もも肉
250~300g

鶏むね肉
200g

納豆
2パック

ストック確認

クリームチーズ 15g	レモン 1個	切り干し大根 30g	乾燥カットわかめ 6g
しょうが 1かけ	梅干し 3個	にんにく 4かけ	アミエビ 3g
のり ½枚	白いりごま 大さじ2	削り節 1袋（2g）	粒黒こしょう 20粒
米 適量			

1st Week's Menu

1週間の献立

月 Monday

- メイン: 豚こま団子と玉ねぎの煮込み
- サブ: ゆでごぼうの塩バター和え

火 Tuesday

- メイン: さけののりバターソース
- サブ: ブロッコリーとじゃがいものポテサラ

水 Wednesday

- メイン: ブロッコリーとさば缶梅トマトスープ
- サブ: 大葉のごはん

木 Thursday

- メイン: 鶏とズッキーニの炊き込みごはん
- サブ: アミエビと切り干し大根のしょうゆ炒め

金 Friday

- メイン: トマトと鶏むね肉の出汁煮
- サブ: わかめの梅しょうが納豆和え

Recipe Calendar
1st Week

月 Monday

月曜日の材料

- ☐ 豚こま切れ肉
- ☐ ごぼう
- ☐ 玉ねぎ
- ☐ パセリ
- ☐ にんにく

豚こま団子と玉ねぎの煮込み

材料　2人分

豚こま団子	豚こま切れ肉	160g
	にんにくのすりおろし	小さじ½
	塩	小さじ¼
	片栗粉、料理酒	各大さじ1

玉ねぎ	1個
パセリ	3本
塩	適量
料理酒	大さじ2
オリーブオイル	大さじ1

作り方

1 豚こま団子の材料をポリ袋に入れ、外側からもんでよく混ぜる。

2 玉ねぎは6等分のくし形切りにする。パセリは葉と茎に分け、葉は粗く刻む。

3 深めのフライパンにオリーブオイルを入れ、①を⅛量ずつ丸めて並べる。中火にかけ、オイルが温まったら②の玉ねぎを断面を下にして加えて塩ひとつまみを振り、両面をこんがりと焼く。豚こま団子はときどき返しながら、全体に焼き色をつける。

4 料理酒と塩小さじ⅓、水200ml、②のパセリの茎を加える。煮立ったらふたをし、弱めの中火で12分煮る。パセリの葉を加え、さっと混ぜて味をみて、塩で調える。パセリの茎を取り除き、器に盛りつける。

豚こまを使うと、ひき肉よりも断然「肉！」な食べ応え。玉ねぎの迫力に負けない

ゆでごぼうの塩バター和え

材料　2人分

ごぼう	150g
塩	小さじ⅓
粗びき黒こしょう	適量
バター	8g

作り方

1 鍋にたっぷりの湯を沸かす。ごぼうは包丁の背でこすって汚れを落とす。よく洗って6cm幅に切り、20分ゆでる。

2 ①のごぼうを取り出してポリ袋に入れ、熱いうちに木べらなどでたたいて割る。ボウルに移し、バターを加えて和える。塩を振り入れ、黒こしょうも加えて和える。

ゆでごぼうの
塩バター和え

豚こま団子と
玉ねぎの煮込み

Recipe Calendar 1st Week

Tuesday

火曜日の材料

- ☐ 生ざけ
- ☐ まいたけ
- ☐ にんにく
- ☐ のり
- ☐ じゃがいも
- ☐ ブロッコリー
- ☐ クリームチーズ

さけののりバターソース

材料　2人分

生ざけの切り身	2切れ
まいたけ	1パック（100g）
にんにくのみじん切り	1かけ分
塩	適量
小麦粉	小さじ2
A のり（全形）	½枚
A 水	小さじ2
A しょうゆ	小さじ½
バター	20g
オリーブオイル	大さじ½

作り方

1 さけに塩ひとつまみを振って5分おく。キッチンペーパーで出てきた水気をふき取り、小麦粉を全体にまぶす。まいたけは食べやすく手でほぐす。

2 小さなボウルにAののりをちぎって入れ、水としょうゆを加えて5〜10分ふやかす。

3 フライパンにオリーブオイルを中火で熱し、①のさけを皮を下にして入れる。まいたけも加え、塩少々を振って火が通るまで両面こんがりと焼き、器に盛りつける。

4 ③のフライパンをキッチンペーパーでさっとふき、バターを入れて中火で熱する。にんにくを加えて香りが立ったら、②を加えてさっと煮詰め、③にかける。

塩を振ったあとに出てくる水気は、魚特有のくさみの原因。ふき取ると味わいアップ

ブロッコリーとじゃがいものポテサラ

材料　2人分

じゃがいも	大1個（160g）
ブロッコリー	⅓個
A クリームチーズ	15g
A しょうゆ	小さじ2½
粗びき黒こしょう	適量

作り方

1 じゃがいもは洗い、包丁で中央にぐるりと一周、浅く切り目を入れる。その切り目とクロスするように、さらにぐるりと一周、浅く切り目を入れる。水気がついたままラップに包み、電子レンジ（600W）で2分加熱する。上下を返してさらに2分加熱し、つぶせる程度のやわらかさにする。粗熱が取れたらラップをはずし、切り目から皮をむく。食べやすい大きさに切る。

2 ブロッコリーは小房に分け、耐熱容器に入れる。水大さじ1を振りかけてふんわりとラップをかけ、電子レンジ（600W）で1分30秒加熱する。水気をしっかりときる。

3 ①をボウルに入れ、Aを加えてざっくりとつぶしながらよく和える。②を加えてさっと混ぜ、器に盛りつけ、黒こしょうを振る。

さけののりバターソース

ブロッコリーと
じゃがいものポテサラ

Recipe Calendar
1st Week

水 Wednesday

水曜日の材料

- ☐ さば水煮缶
- ☐ トマト
- ☐ ブロッコリー
- ☐ 梅干し
- ☐ パセリ
- ☐ 大葉
- ☐ 白いりごま

ブロッコリーとさば缶梅トマトスープ

材料　2人分

さば水煮缶	1缶（190g）
トマト	大1個（200g）
ブロッコリー	⅔個
梅干し（塩分濃度10％程度の甘くないもの）	1個
パセリ	適量（残り全部）
A 塩	小さじ⅓
水	300ml
料理酒	大さじ2
みりん	大さじ1
塩、オリーブオイル	各適量

作り方

1 トマトはざく切りにし、ブロッコリーは小房に分ける。パセリは葉と茎に分け、葉は刻む。

2 鍋にオリーブオイル小さじ1を中火で熱する。①のトマトと塩ひとつまみを加え、トマトから水気が出るまで炒める。へらでつぶし、形がなくなるまで煮詰めたら、さば缶を汁ごと加え、梅干しを皮を少し破って加える。**A**と①のパセリの茎を加える。

3 ②が煮立ったら①のブロッコリーを加え、ふたをして弱火で5分煮込む。パセリの茎を取り出し、パセリの葉を加える。味をみて塩で調え、器に盛りつける。オリーブオイル少々をたらす。

大葉のごはん

材料　2人分

温かいごはん	400g
大葉の千切り	5〜6枚分
白いりごま	大さじ1
酢、オリーブオイル	各小さじ1½
塩	小さじ⅓

作り方

ボウルに材料をすべて入れ、さっくりと混ぜ合わせる。

トマトのおいしさを凝縮。鍋底にヘラでｺ字が書けるくらいまで煮詰める

仕上げのオリーブオイルで、香りとコクが増し、味わいもまろやかに

大葉のごはん

ブロッコリーとさば缶
梅トマトスープ

Recipe Calendar 1st Week

木 Thursday

鶏とズッキーニの炊き込みごはん

材料　2人分

米（といで水気をきっておく）	1合
鶏もも肉	1枚（250〜300g）
ズッキーニ	1本
にんにく	1かけ
A　塩	小さじ½
粒黒こしょう	20粒
料理酒	大さじ1
レモンじょうゆだれ　レモン汁、しょうゆ	各大さじ1½
塩	少々

作り方

1 ズッキーニはヘタを切り落とす。にんにくは包丁の腹でつぶす。
2 炊飯器の内釜に米とAを入れ、1合の目盛りまで水を注ぐ。鶏肉と①をのせて炊く。
3 炊き上がったらズッキーニと鶏肉を取り出し、ごはんをさっくりと混ぜる。ズッキーニは1.5cm幅の輪切りに、鶏肉は6等分に切る。
4 器にごはんをよそい、ズッキーニと鶏肉をのせる。混ぜ合わせたレモンじょうゆだれをかける。

ズッキーニは丸ごと加熱し、ジューシーさと"ムギュッ"とした食感を楽しむ

アミエビと切り干し大根のしょうゆ炒め

材料　2人分

切り干し大根	30g
アミエビ（乾燥）	3g
にんにく	1かけ
しょうゆ	小さじ2
オリーブオイル	小さじ1½
粗びき黒こしょう	適量

作り方

1 切り干し大根はたっぷりの水に10分ほどつけて戻す。水気をしっかりしぼり、食べやすく切る。にんにくは薄切りにする。
2 フライパンにオリーブオイルと①のにんにく、アミエビを入れ、弱火にかける。香りが立ったら①の切り干し大根を加え、火を少し強くして炒める。
3 焼き色がついたらしょうゆを鍋肌から回し入れて10秒ほど焼きからめ、器に盛りつけて、黒こしょうを振る。炊き込みごはんと混ぜながら食べても美味しい。

木曜日の材料

- □ 米
- □ 鶏もも肉
- □ ズッキーニ
- □ にんにく
- □ レモン
- □ 切り干し大根
- □ アミエビ

鶏とズッキーニの
炊き込みごはん

アミエビと切り干し大根の
しょうゆ炒め

Recipe Calendar
1st Week

金 / Friday

金曜日の材料

- ☐ 鶏むね肉
- ☐ トマト
- ☐ 大葉
- ☐ 乾燥カットわかめ
- ☐ 梅干し
- ☐ 納豆
- ☐ しょうが
- ☐ 削り節
- ☐ 白いりごま

トマトと鶏むね肉の出汁煮

材料　2人分

鶏むね肉	小1枚（200g）
トマト	大1個
塩	小さじ¼
片栗粉	大さじ1
A 削り節	1袋（2g）
塩、みりん	各小さじ½
水	300ml
大葉の千切り	適量（残り全部）
ごま油	少々

作り方

1 鶏肉はそぎ切りにし、塩を振って片栗粉を全体にまぶす。トマトは半分に切る。

2 **A**をフライパンに入れて中火にかける。煮立ったら①のトマトを断面から入れ、続けて鶏肉を1枚ずつ入れる。再び煮立ったら、ふたをして弱めの中火で5分煮る（トマトは2〜3分ほどたったところで一度裏返す）。

3 トマトを裏返して断面を下にし、箸でつまんでトマトの皮を取り除く。トマトに煮汁をかけながら、弱火で1分煮る。器に盛りつけ、ごま油をたらし、大葉をのせる。

わかめの梅しょうが納豆和え

材料　2人分

乾燥カットわかめ	6g
梅干し（塩分濃度10％程度の甘くないもの）	大2個
A 納豆	2パック（90g）
白いりごま	大さじ1
塩	小さじ⅓
しょうがのすりおろし	小さじ1
しょうゆ	小さじ½
太白ごま油	小さじ2

作り方

1 わかめはたっぷりの水に10分ほどつけて戻す。ざるにあげてキッチンペーパーで水気をふき取る。

2 ボウルに①と**A**を入れて混ぜる。梅干しをちぎりながら加え、よく混ぜ合わせて器に盛りつける。

わかめの梅しょうが
納豆和え

トマトと鶏むね肉の出汁煮

もし食材が余ったら…

Column

小松菜しらすナムル

にんじんアミエビナムル

かぶレモンナムル

きゅうりの青のりナムル

パプリカクリームチーズナムル

なんでもナムル

野菜が余っていたら、ナムルにしておかずを1品増やすのが◎。生で食べられる野菜は2％の塩で塩もみして、好きなオイルで香りづけ！

小松菜しらすナムル
1 小松菜½束を食べやすく切り、ボウルに入れる。小松菜の重さの2％の塩を振ってなじませ、10分おいて出てきた水気をよく絞る。
2 ごま油小さじ1としらす10gを加えて和え、塩で味を調える。

にんじんアミエビナムル
1 にんじん⅓本は皮をむいてスライサーで細切りにする。ボウルに入れ、にんじんの重さの2％の塩を振ってなじませ、10分おいて出てきた水気をよく絞る。
2 太白ごま油小さじ1とアミエビ（乾燥）5gを加えて和え、塩で味を調える。

かぶレモンナムル
1 かぶ2個は厚めに皮をむいていちょう切りにする。ボウルに入れ、かぶの重さの2％の塩を振ってなじませ、10分おいて出てきた水気をよく絞る。
2 オリーブオイルとレモン汁各小さじ1、白いりごま小さじ2を加えて和え、塩で味を調える。

きゅうりの青のりナムル
1 きゅうりはスライサーで細切りにし、ボウルに入れる。きゅうりの重さの2％の塩を振ってなじませ、10分おいて出てきた水気をよく絞る。
2 ごま油と青のり各小さじ1を加えて和え、塩で味を調える。

パプリカクリームチーズナムル
1 パプリカ1個は縦半分に切り、さらに横半分に切って4等分にする。端から薄切りにし、ボウルに入れる。パプリカの重さの2％の塩を振ってなじませ、10分おいて出てきた水気をよく絞る。
2 オリーブオイル小さじ1、クリームチーズ15gを加えて和え、塩で味を調える。

にんにくの効いた元気の出る一杯
主役級バターみそ汁

材料　2人分

余った肉（今回は鶏もも肉）	80〜100g
余った野菜（今回は白菜と長ねぎ）	100〜150g
にんにくのすりおろし	小さじ¼
みそ	大さじ1½〜2
塩	ひとつまみ
バター	8g

1 肉と野菜は食べやすく切る（今回は鶏肉は2cm角、白菜は1cm角、長ねぎは斜め薄切り）。

2 鍋にバターを中火で熱し、①の肉を加える。塩を振って炒め、色が変わったら野菜を加えてさっと炒める。

3 にんにくと水400〜500mlを加え、煮立ったらふたをして弱火で10分煮込む。みそを溶き入れて火を止める。

無塩トマトジュースを常備すればすぐ作れる
食べるミネストローネ

材料　2人分

余った肉（今回は豚こま切れ肉）	80〜100g
余った野菜（今回はれんこんとごぼう）	100〜150g
玉ねぎ	½個
トマトジュース（食塩無添加）	1パック（200ml）
塩	適量
オリーブオイル	大さじ1

1 玉ねぎはみじん切りにする。肉と野菜は食べやすく切る（今回は豚肉、れんこん、ごぼうを粗みじん切り）。

2 鍋にオリーブオイルを中火で熱し、①の玉ねぎを塩ひとつまみを振ってよく炒める。透き通ってきたら肉と残りの野菜を加えてさらに塩ひとつまみを振って炒める。肉の色が変わるまで炒めたら、しばらく触らずに放っておき、少し焦げ色がついたところで一気に混ぜ合わせる。これを2〜3回繰り返してしっかり炒める。

3 トマトジュースと水200mlを加え、煮立ったらふたをして弱火で10分煮込む。塩小さじ⅓〜で味を調える。

主役級バターみそ汁

食べるミネストローネ

ぶち込みスープ

食材が少しずつ余っていたら、和洋どちらかのスープに。手間がかからず、まとめて美味しくいただけて栄養的にもうれしい。

コラム　61

Recipe Calendar

2nd Week

Mon. ― Fri.

Grocery List

日曜日 まとめ買い食材

きゅうり
3本

トマト
大1個

チンゲン菜
2株

ピーマン
6〜7個

ベビーコーン
1パック

長ねぎ
2本

うどん
2玉

豚ひき肉
100g

甘塩たら
2切れ

カニかま
8本

納豆
1パック

うずらの卵水煮
6個

水曜日 買い足し食材

ニラ
1束

豚バラ
薄切り肉
120g

豚ロース肉
（しょうが焼き用）
160g

卵
4個

しらす
50g

絹ごし豆腐
1丁

ストック確認

小ねぎ お好みの量	削り節 2袋（4g）	しょうが 適量	白いりごま 大さじ1
にんにく 2かけ	からし 適量	米 適量	塩昆布 10g
柚子こしょう 小さじ⅓	豆板醤 小さじ⅓		

2nd Week's Menu

1週間の献立

月 Monday

■メイン
納豆とトマトのうどん

■サブ
ピーマンの塩炒め

火 Tuesday

■メイン
たらと長ねぎ、ピーマンの南蛮風

■サブ
カニかまとチンゲン菜の炊き込みごはん

水 Wednesday

中華風具だくさんスープ

木 Thursday

■メイン
しらすニラ玉

■サブ
おろしきゅうりの冷奴

金 Friday

■メイン
きゅうりと豚の塩昆布炒め

■サブ
ニラ温奴

Recipe Calendar
2nd Week

月
Monday

納豆とトマトのうどん

材料　2人分

うどん		2玉
トマト		大1個（200g）
A	豚ひき肉	100g
	納豆	1パック
	豆板醤	小さじ¼〜⅓
	塩	ひとつまみ
スープ	水	600ml
	片栗粉	大さじ2
	塩	小さじ1
	みりん	大さじ1
ごま油		小さじ1
小ねぎの小口切り		お好みの量

作り方

1 トマトはざく切りにする。うどんは袋の表示どおりにゆで、器に盛りつける。

2 鍋にごま油を中火で熱し、①のトマトとAを炒める。トマトから水気が出てきたら、強火にして形がなくなるまで煮詰める。

3 スープの材料を加え、よく混ぜながら煮込む。しっかり煮立たせたら火を止め、味をみて塩（分量外）で調える。①の器によそい、小ねぎをのせる。

トマトをしっかり煮詰めることで酸味を飛ばし、うま味だけを残す

月曜日の材料

- ☐ うどん
- ☐ トマト
- ☐ 豚ひき肉
- ☐ 納豆
- ☐ 小ねぎ
- ☐ ピーマン

ピーマンの塩炒め

材料　2人分

ピーマン	4個
塩	小さじ¼
炒め油（太白ごま油など）	大さじ1

作り方

1 ピーマンは乱切りにする。

2 フライパンに油を中火で熱し、①を入れる。1分おいてから菜箸でさっと混ぜ、さらに1分触らずに焼く。塩を全体に振り、よく混ぜて器に盛りつける。

納豆とトマトのうどん

ピーマンの塩炒め

Recipe Calendar
2nd Week

火 Tuesday

火曜日の材料

- ☐ 甘塩たら
- ☐ 長ねぎ
- ☐ ピーマン
- ☐ 削り節
- ☐ 米
- ☐ カニ風味かまぼこ
- ☐ チンゲン菜
- ☐ 白いりごま
- ☐ しょうが

たらと長ねぎ、ピーマンの南蛮風

材料　2人分

甘塩たらの切り身	2切れ
小麦粉	大さじ1
長ねぎ	1本
ピーマン	2〜3個
塩	小さじ¼
A　削り節	1袋（2g）
水	大さじ5
酢	大さじ1½
しょうゆ、みりん	各大さじ1
しょうがのすりおろし	適量
オリーブオイル	大さじ1

作り方

1 たらはキッチンペーパーで水気をふき取る。それぞれ4等分に切り、小麦粉を全体にまぶす。

2 長ねぎは斜め薄切りに、ピーマンは細切りにする。

3 深めのフライパンにオリーブオイルを中火で熱し、①を皮を下にして入れる。両面焼き色がつくまでしっかり焼き、②と塩を加えてさっと炒め合わせる。

4 Aを加えて煮立たせ、そのまま1分煮る。器に盛りつけ、しょうがをのせる。

たらと長ねぎ、ピーマンの南蛮風

カニかまとチンゲン菜の炊き込みごはん

カニかまとチンゲン菜の炊き込みごはん

材料　2人分

米（といで水気をきっておく）	1合
カニ風味かまぼこ	4本（28g）
チンゲン菜	1株
A　削り節	1袋（2g）
塩、薄口しょうゆ（またはしょうゆ）、みりん	各小さじ½
白いりごま	大さじ1

作り方

1 チンゲン菜は葉と茎に切り分け、茎は薄い斜め切りに、葉は粗く刻む。

2 炊飯器の内釜に米とAを入れ1合の目盛りまで水を注ぐ。カニ風味かまぼこをのせて炊く。

3 炊き上がったら①をのせてふたをし、5分蒸らす。いりごまを振ってさっと混ぜ合わせ、器に盛りつける。

Recipe Calendar
2nd Week
水 Wednesday

水曜日の材料

- ☐ 豚バラ薄切り肉
- ☐ ベビーコーン
- ☐ カニ風味かまぼこ
- ☐ うずらの卵
- ☐ チンゲン菜
- ☐ にんにく
- ☐ 長ねぎ

中華風 具だくさんスープ

材料 2人分

材料	分量
豚バラ薄切り肉	120g
カニ風味かまぼこ	4本（28g）
チンゲン菜	1株
長ねぎの白い部分	1本分
ベビーコーン	1パック
うずらの卵（水煮）	6個
塩	適量
片栗粉	大さじ1
A にんにくのすりおろし	小さじ½
A 料理酒	大さじ2
A しょうゆ	大さじ1½
ごま油	大さじ1
からし（お好みで）	適量

作り方

1 豚肉は2〜3cm幅に切り、全体に塩ひとつまみを振って片栗粉をまぶす。

2 カニ風味かまぼことベビーコーンは1cm幅に切る。

3 チンゲン菜は葉と茎に切り分け、茎は2cm幅に切る、葉はざく切りにする。長ねぎは8mm幅の斜め切りにする。

4 鍋にごま油を入れ、煙が立つまで中火で熱する。③を加え、30秒触らずに焼きつける。

5 木べらでさっと混ぜ、水600mlを加えて煮立たせ、①の豚肉を加えてよく混ぜる。②とうずらの卵を加えてからAを加え、煮立ったらふたをして弱めの中火で5分煮る。味をみて塩で調え、器に盛りつける。お好みでからしを溶き入れていただく。

Recipe Calendar

2nd Week

Thursday

しらすニラ玉

材料　2人分（直径20cmのフライパン使用）

卵	4個
しょうゆ、ごま油	各小さじ1
[あん]	
ニラ	½束（50g）
A しらす	50g
片栗粉	小さじ2
塩	ひとつまみ
しょうゆ	大さじ½
水	200ml

作り方

1 卵をボウルに割り入れ、水大さじ2としょうゆを加えて溶きほぐす。
2 小さめのフライパンでごま油を中火で熱し、①を流し入れる。半熟になったら全体を混ぜながら端に寄せてオムレツ状に形を整え、器に盛りつける。フライパンはペーパータオルで油をかるくふき取っておく。
3 ニラは5mm幅に切る。Aとともに②のフライパンに入れて中火にかけ、よく混ぜながらとろみがつくまでしっかり煮立たせ、②の卵にかける。

木曜日の材料

- □ 卵
- □ ニラ
- □ しらす
- □ 絹ごし豆腐
- □ きゅうり

おろしきゅうりの冷奴

材料　2人分

絹ごし豆腐	½丁（175g）
きゅうり	1本
A　酢	小さじ2
薄口しょうゆ（またはしょうゆ）	小さじ1
塩	ひとつまみ

作り方

1 きゅうりはすりおろしてかるく水気をきり、Aと合わせてよく混ぜる。
2 豆腐を半分に切って器に盛りつけ、①をかける。

Recipe Calendar
2nd Week

金
Friday

きゅうりと豚の塩昆布炒め

材料　2人分

豚ロース肉（しょうが焼き用）	160g
きゅうり	2本
にんにくのみじん切り	1かけ分
片栗粉	大さじ1
A　塩昆布	10g
料理酒	大さじ1
塩	少々
ごま油	小さじ2

きゅうりの皮をむくと、シャキシャキッとした軽やかな食感を楽しめる

作り方

1 豚肉は食べやすい大きさに切り、片栗粉を全体にまぶす。きゅうりは皮をむき、5mm幅の斜め切りにする。

2 フライパンにごま油とにんにくを入れて弱火で熱し、香りが立ったら①の豚肉を広げ入れて中火で炒める。色が変わったら①のきゅうりとAを加え、強火でさっと炒め合わせる。味をみて塩（分量外）で調える。

ニラ温奴

材料　2人分

絹ごし豆腐	½丁（175g）
[ニラ柚子こしょうだれ]	
ニラ	½束（50g）
A　柚子こしょう	小さじ¼〜⅓
塩	ひとつまみ
しょうゆ	小さじ½

作り方

1 鍋に湯を沸かし、豆腐を入れて弱めの中火で4〜5分温める。

2 ニラは細かく刻み、Aと混ぜ合わせて4〜5分なじませる。再びよく混ぜ、味をみて塩（分量外）で調える。

3 かるく湯をきった①の豆腐を器に盛りつけ、②のたれをかける。

金曜日の材料

- ☐ 豚ロース肉
- ☐ きゅうり
- ☐ にんにく
- ☐ 塩昆布
- ☐ 絹ごし豆腐
- ☐ ニラ

ニラ温奴

きゅうりと豚の
塩昆布炒め

個人的な器の話

「どの器に盛りつけよう？」と迷う時間も楽しいもの。
数や用途にしばられず、お気に入りを大切に使っています。

Column

「服のように器も"着回せるもの"が好き」

　私が惹かれるのは、どんな料理も受け入れてくれる器。カレーや麺類を盛れる気軽さがあるのに、とっておきの一品もちゃんと素敵に見せてくれる、そんな器が好きです。

　器選びに迷っているなら、少し深さのある器がおすすめ。普通のおかずも盛れますし、汁気のあるもの、ちょっとしたスープもよそえます。お気に入りの器に、自分が作った料理を盛りつける。それだけでなんだか楽しくなるし、明日も明後日も料理を続けるモチベーションになりますよね。

白と黒の器は大好きな青人窯、手前のスープ皿はお気に入りの器屋さんで購入。トレイは小沢賢一さんの作品。フォークとスプーン、レンゲは竹俣勇壱さん作。汁気のあるメインをよく作るので、高頻度で愛用中

わっぱのお弁当箱は結婚前に夫にもらったもの。8年以上愛用

「"こうしなきゃ"から
自由になっていい。
おうちの晩ごはんを、
お弁当箱に詰めたって
いいんです」

食べすぎが続いたら、お弁当箱で夜ごはん。器にちょっぴりずつだとさみしくなるけれど、お弁当にするとギュッと詰まった見た目が可愛くなるうえ、"ちゃんと一食"に見えるのがいいんです。自分が作ったのに、不思議と"作ってもらった"ような気分でわくわくできるのも、お弁当のいいところ。

コラム

Grocery List

日曜日 まとめ買い食材

玉ねぎ
1個

長いも
200g

長ねぎ
1本

じゃがいも
中1個

小松菜
1袋

ミニトマト
1パック（14~20個）

レタス
1個

にんじん
中1本

かぶ
5個

れんこん
120g

卵
4個

しらす
50g

豚こま切れ肉
160g

鶏もも肉
250g

あさり水煮缶
1缶（65g）

水曜日 買い足し食材

鶏もも肉
250g

牛乳
450ml

ストック確認

しょうが 1かけ	黒すりごま 大さじ1	切り干し大根 30g	乾燥カットわかめ 5g
スパゲティ 140g	にんにく 4かけ	塩昆布 10g	レモン 1個
クリームチーズ 15g	青のり 適量	粒マスタード 小さじ2	塩麹 大さじ2
カレー粉 小さじ¼	白ワイン 大さじ2		

Recipe Calendar
3rd week
Mon. → Fri.

3rd Week's Menu

1週間の献立

月 Monday

■ メイン
豚と長いもの黒ごま炒め

■ サブ
しらす、玉ねぎ、わかめのごま油蒸し

火 Tuesday

■ メイン
小松菜と塩昆布のパスタ

■ サブ
レタスと卵の蒸しサラダ

水 Wednesday

和風クラムチャウダー

木 Thursday

■ メイン
鶏と切り干し大根のマスタード煮

■ サブ
れんこん塩にんにく和え

金 Friday

■ メイン
鶏とかぶのこしょうバター鍋

■ サブ
ゆで卵とにんじんのサラダ

Recipe Calendar 3rd Week

月 Monday

月曜日の材料

- ☐ 豚こま切れ肉
- ☐ 長いも
- ☐ しょうが
- ☐ 玉ねぎ
- ☐ しらす
- ☐ 乾燥カットわかめ

豚と長いもの黒ごま炒め

材料　2人分

豚こま切れ肉	160g
長いも	200g
しょうがのみじん切り	1かけ分
料理酒	大さじ2
A　黒すりごま	大さじ1
塩、しょうゆ	各小さじ½
料理酒	大さじ2
炒め油（太白ごま油など）	大さじ2

作り方

1 豚肉は大きければ食べやすく切る。長いもは皮をむき、ポリ袋に入れて木べらなどでたたいて割る。

2 フライパンにしょうがと油を入れ、弱火にかける。香りが立ったら①の豚肉を加え、中火で色が変わるまで炒める。

3 ①の長いもと料理酒を加えてふたをし、弱めの中火で3分蒸す。

4 Aをよく混ぜ合わせて加え、汁気が飛ぶまで炒める。

長いもは、具でありソース。割るときは、ほどよく形を残すほうが美味しい

しらす、玉ねぎ、わかめのごま油蒸し

材料　2人分

玉ねぎ	½個
A　しらす	50g
乾燥カットわかめ	5g
塩	少々
水	200ml
ごま油	小さじ1

作り方

1 玉ねぎは2mm幅の薄切りにする。

2 フライパンに①とAを入れて中火にかけ、ふたをして8分ほど、水気がなくなるまで蒸す（途中、4分ほどたったら全体を混ぜる）。ごま油を回しかけて器に盛りつける。

しらす、玉ねぎ、
わかめのごま油蒸し

豚と長いもの黒ごま炒め

Recipe Calendar

3rd Week

火

Tuesday

- □ スパゲティ
- □ 小松菜
- □ にんにく
- □ ミニトマト
- □ 塩昆布
- □ レモン
- □ レタス
- □ 卵
- □ クリームチーズ

小松菜と塩昆布のパスタ

材料 2人分

スパゲティ	140g
小松菜	1袋
にんにく	1かけ
A ミニトマト	10個
A 塩昆布	10g
A 料理酒、オリーブオイル	各大さじ2
A レモン汁	小さじ1
塩	適量

作り方

1 小松菜は食べやすくざく切りにする。にんにくは薄切りにする。

2 深めのフライパンに①とAを入れて中火にかけ、煮立ったらひと混ぜし、ふたをして弱火で10分蒸す。

3 ②のミニトマトをかるくつぶし、水600mlと塩小さじ½を加えて中火で煮立たせる。スパゲティを半分に折って加え、ふたなしでやわらかくなるまで煮込む。味をみて塩で調え、器に盛りつける。

レタスと卵の蒸しサラダ

材料 2人分

レタス	1個（350g）
卵	2個
クリームチーズ、バター	各15g
A 水	大さじ1
A 酢	小さじ2
塩、粗びき黒こしょう	各適量

作り方

1 レタスは1cm幅の細切りにする。深めのフライパンに入れ、塩小さじ½を全体にまぶす。Aを加えてふたをし、中火で2分30秒蒸し煮にする。

2 ①のレタスを端に寄せ、空いたところに卵を2個割り入れる。レタスの中央にクリームチーズとバターをのせ、ふたをしてそのまま弱火で3分蒸し煮にし、火を止める。

3 卵をくずさないように、クリームチーズとバターをレタスによくなじませる。器に盛りつけ、塩少々と黒こしょうを振る。

小松菜と塩昆布のパスタ

レタスと卵の
蒸しサラダ

Recipe Calendar
3rd Week

水 Wednesday

水曜日の材料

- □ あさり水煮缶
- □ 牛乳
- □ じゃがいも
- □ にんにく
- □ 玉ねぎ
- □ 青のり

和風クラムチャウダー

材料　2人分

あさり水煮缶	1缶（65g）
じゃがいも	中1個（100g）
玉ねぎ	½個
料理酒	50ml
小麦粉	大さじ1½
牛乳	300ml
バター	10g
A にんにくのすりおろし	小さじ¼
塩	小さじ⅓
みりん	小さじ1
薄口しょうゆ（またはしょうゆ）	小さじ1
青のり	適量

作り方

1 あさりはむき身と缶汁を分けておく。じゃがいもは1cm角に切る。玉ねぎは粗みじん切りにする。

2 フライパンに①のじゃがいも、玉ねぎ、バター8g、料理酒、水50mlを入れ、中火にかける。煮立ったらふたをし、弱めの中火で8分蒸す。

3 ②に小麦粉を加えて、粉っぽさがなくなるまで炒め合わせる。牛乳と①の缶汁を少しずつ、よく混ぜながら加える。

4 Aを加え、ときどき混ぜながら弱めの中火でふたなしで5分煮る。とろみがついたら火を止め、バター2gと①のむき身を加えてさっと混ぜる。味をみて塩（分量外）で調え、器に盛りつけ、青のりを振る。

Recipe Calendar
3rd Week

Thursday

木曜日の材料

- □ 鶏もも肉
- □ 切り干し大根
- □ ミニトマト
- □ れんこん
- □ にんにく

れんこん 塩にんにく和え

材料　2人分

れんこん	120g
にんにく	1かけ
塩	小さじ⅓～
粗びき黒こしょう	適量

作り方

1 れんこんは1mm幅の半月切りにする。にんにくも1mm幅の薄切りにする。

2 鍋に湯を沸かし、酢をスプーン1杯程度（分量外）入れて①をゆでる。れんこんが透明になったらざるにあげ、水気をよくきってボウルに入れる。

3 ②に塩を加えて和え、味を調える。黒こしょうを加えて混ぜる。

鶏と切り干し大根の マスタード煮

材料　2人分

鶏もも肉	1枚（250g）
切り干し大根	30g
ミニトマト	4～10個（残った分すべて）
塩	適量
小麦粉	小さじ2
A 粒マスタード	小さじ2
A 白ワイン	大さじ2
A 水	300ml
オリーブオイル	小さじ2

作り方

1 鶏肉は4等分に切り、塩小さじ½をすり込んで小麦粉を全体にまぶす。切り干し大根はかるく洗ってから食べやすく切り、水気をしぼる。

2 フライパンにオリーブオイルを強めの中火で熱し、①の鶏肉を皮を下にして入れ、2分30秒焼く。裏返して肉を端に寄せ、①の切り干し大根、A、ミニトマトを加える。煮立ったらふたをして弱めの中火で10分煮る。火を強め、汁気を飛ばしながら煮詰めたら、塩少々を振って味を調える。

Recipe Calendar 3rd Week

金 Friday

鶏とかぶのこしょうバター鍋

材料　2人分

鶏もも肉	1枚（250g）
かぶ（葉つき）	5個
A 塩	小さじ⅔〜
A 水	700ml
A 料理酒	50ml
粗びき黒こしょう	適量
バター	15g
塩麹ねぎだれ 長ねぎの白い部分	1本分
塩麹ねぎだれ にんにくのすりおろし	1かけ分
塩麹ねぎだれ 塩麹、水	各大さじ2

作り方

1 鶏肉は大きめの一口大に切る。かぶは皮をむいて4等分のくし形切りにする。葉は粗く刻む。

2 鍋にバターを中火で熱し、①の鶏もも肉を焼き色がつくまで両面じっくり焼く。かぶとAを加え、ひと煮立ちしたらふたをして弱火で15分煮込む。

3 塩麹ねぎだれの長ねぎは粗みじん切りにする。残りの材料と混ぜ合わせる。

4 ②に①のかぶの葉を加えて黒こしょうをたっぷり振り、さっと火を通す。スープごと器に取り分け、③のたれを少しずつ加えながらいただく。

シメは牛乳（水曜の和風クラムチャウダーの残り）とごはんを加えてリゾットに

金曜日の材料

- ☐ 鶏もも肉
- ☐ かぶ
- ☐ にんにく
- ☐ 長ねぎ
- ☐ にんじん
- ☐ 卵
- ☐ レモン

ゆで卵とにんじんのサラダ

材料　2人分

にんじん	中1本（150g）
卵	2個
塩	小さじ½
A カレー粉	小さじ¼
A マヨネーズ	大さじ2
A レモン汁	大さじ1
A 塩、砂糖	各ひとつまみ

作り方

1 にんじんはスライサーなどで細切りにし、ボウルに入れて塩を振ってなじませる。出てきた水気をよくしぼる。

2 鍋に卵を入れてかぶる程度の水を入れ、強めの中火にかける。11分たったら取り出し、殻をむく。手で半分に割る。

3 ①と②、Aをよく混ぜ合わせる。

ゆで卵とにんじんのサラダ

鶏とかぶの
こしょうバター鍋

Grocery List

日曜日 まとめ買い食材

 ミニトマト 1パック（14〜20個）
 ほうれん草 1束
 キャベツ ½玉（700g）
 大根 ⅓本（300g）

 グリーンアスパラガス 1束
 パプリカ 1個
 長ねぎ 1本
 豚肩ロースブロック肉 300g

 塩さばの切り身 2枚
 ツナ缶（ノンオイル） 1缶
無調整豆乳 1パック（500ml）

水曜日 買い足し食材

 かぼちゃ ⅛個（150g）
 豚バラ肉（しゃぶしゃぶ用） 250g
 鶏もも肉（親子丼用カット肉でも可） 150g
 鶏ももひき肉 150g

ストック確認

クリームチーズ 15g	粒黒こしょう 20粒	にんにく 2.5かけ	レモン 適量	わさび お好みで
のり ¼枚	ラー油 お好みで	柚子こしょう お好みで	昆布 5g	ローリエ 1枚
しょうが ½かけ	米 適量	白ワイン 300ml		

Recipe Calendar

4th Week

Mon. → Fri.

4th Week's Menu

1週間の献立

月 Monday

■ メイン
豚とキャベツの白ワイン蒸し

■ サブ
パプリカライス

火 Tuesday

■ メイン
塩さばと大根のレモンじょうゆ蒸し

■ サブ
ほうれん草の豆乳おひたし

水 Wednesday

豚とキャベツの豆乳鍋

木 Thursday

■ メイン
鶏ひき肉とアスパラガスの
和風あんかけ丼

■ サブ
鶏昆布出汁とミニトマト、
ほうれん草のスープ

金 Friday

■ メイン
かぼちゃとチキンのリゾット

■ サブ
大根とツナのサラダ

Recipe Calendar
4th Week

月 Monday

豚とキャベツの白ワイン蒸し

材料　2人分

豚肩ロースブロック肉	300g
キャベツ	300g
塩	小さじ1（肉の重さの2%）
A　ミニトマト	6個
粒黒こしょう	10粒
白ワイン	200ml
みりん	大さじ1
塩	少々
オリーブオイル	大さじ1

作り方

1　豚肉に塩を振り、粒子が見えなくなるまでよくすり込む。キャベツは縦半分に切る。
2　フライパンにオリーブオイルを中火で熱し、①を入れて全体に焼き色をつける。
3　Aを加え、煮立ったらふたをして弱火で30分蒸し煮にする（15分たったらキャベツと豚肉を一度返す）。
4　豚肉を取り出して粗熱を取り、食べやすい厚さに切る。
5　④のフライパンを強めの中火にかけ、煮汁が半量になるまで煮詰める。
6　器に④の肉と⑤のキャベツ、トマトを盛りつけ、煮汁をかける。

月曜日の材料
- ☐ 豚肩ロースブロック肉
- ☐ キャベツ
- ☐ ミニトマト
- ☐ パプリカ
- ☐ にんにく
- ☐ 米

パプリカライス

材料　2人分

米（とがずに）	1合
パプリカ（赤）	1個
にんにく	1かけ
塩	適量
オリーブオイル	小さじ2

作り方

1　パプリカは4cm長さの細切りにする。にんにくは細切りにする。
2　フライパンにオリーブオイルと①のにんにくを入れ、弱火にかける。香りが立ったら中火にし、①のパプリカと塩ひとつまみを加え、水分が出てくるまでしっかり炒める。
3　米をとがずにそのまま加え、パプリカの水分を吸わせるように炒める。米が透明になったら水200mlと塩小さじ⅓を加え、表面を平らにならしてふたをする。中火にし、沸騰したら弱火にして17分ほど加熱する（途中、水分が足りなくなったら水大さじ2をフライパンのふちから回し入れて様子を見る）。炊き上がったら火を止め、5分蒸らす。ふたを開け、全体を混ぜて器に盛りつける。

※フライパンのふたが、穴があいたタイプの場合、蒸気が逃げないようにアルミホイルなどでふさぐ

豚とキャベツの白ワイン蒸し

パプリカライス

Recipe Calendar 4th Week

火 Tuesday

火曜日の材料

- ☐ 塩さば
- ☐ 大根
- ☐ にんにく
- ☐ レモン
- ☐ ほうれん草
- ☐ のり
- ☐ 無調整豆乳

塩さばと大根のレモンじょうゆ蒸し

材料　2人分

塩さばの切り身	2枚
大根	150g
にんにく	1かけ
A 粒黒こしょう	10粒
レモン汁、オリーブオイル	各大さじ1
しょうゆ	小さじ1
料理酒、水	各50ml
わさび（お好みで）	適量

作り方

1 大根は皮をむいて5mm幅のいちょう切りにする。にんにくは薄切りにする。

2 塩さばはキッチンペーパーで水気をふく。

3 深めのフライパンに①を入れ、②をのせる。Aを加えて中火にかける。煮立ったら、ふたをして弱めの中火で水気がなくなるまで10分ほど火を入れる。

4 器に盛りつけ、お好みでわさびをつけながらいただく。

ほうれん草の豆乳おひたし

材料　2人分

ほうれん草	½束（100g）
のり（全形）	¼枚
A 無調整豆乳	大さじ5
薄口しょうゆ（またはしょうゆ）	小さじ1
塩	ひとつまみ

作り方

1 鍋に湯を沸かし、中火でほうれん草をさっとゆでる。水気をしっかりしぼり、5cm長さに切る。

2 ボウルにAをよく混ぜ合わせ、①を入れる。のりをちぎりながら加えてかるく和える。

Recipe Calendar 4th Week

水 Wednesday

水曜日の材料

☐ 豚バラ肉
☐ キャベツ
☐ 無調整豆乳

豚とキャベツの豆乳鍋

材料　2人分

豚バラ肉（しゃぶしゃぶ用）..... 250g
キャベツ .... 400g（残り全部）
A ｜ 無調整豆乳 ... 425ml（残り全部）
　｜ 塩 小さじ1⅓
塩、ラー油、柚子こしょう（お好みで）
.... 各適量

作り方

1 キャベツはスライサーなどで千切りにする。

2 鍋に水500mlを入れ、強めの中火にかける。煮立ったら豚肉を入れる。火が通ったら①を入れ、しんなりする程度にさっと煮る。

3 Aを加えて混ぜながら、煮立たない程度の火加減で温める。器に取り分け、お好みで塩、ラー油、柚子こしょうで味を変えながらいただく。

シメに麺を入れても美味しい

Recipe Calendar 4th Week

Thursday

木曜日の材料

- □ グリーンアスパラガス
- □ 長ねぎ
- □ 鶏ももひき肉
- □ ほうれん草
- □ しょうが
- □ ミニトマト

鶏ひき肉とアスパラガスの和風あんかけ丼

材料　2人分

グリーンアスパラガス	1束
温かいごはん	茶碗2杯分
鶏昆布出汁：鶏ももひき肉	150g
昆布	5g
水	600ml
A：塩	小さじ¼
薄口しょうゆ（またはしょうゆ）	小さじ1½
みそ、みりん	各小さじ1
B：片栗粉	大さじ1
水	大さじ2
長ねぎの千切り	¼本分

作り方

1　アスパラガスは根元のかたい部分を1〜2mmほど切り落とし、根元側⅓はピーラーで皮をむいて0.5〜1cm幅、3〜4cm長さの斜め切りにする。

2　小鍋に鶏昆布出汁の材料を入れて混ぜ、中火にかける。沸騰したら弱火で10分煮る（アクが気になったら取り除く）。昆布を取り出し、副菜のほうれん草のスープ用に300mlを取り分けておく。

3　②の鍋に①を加えて中火にかける。2〜3分煮たら、Aを加えてひと煮立ちさせる。一度火からおろし、よく混ぜたBを加える。再び火にかけて煮立たせ、とろみがついたら火を止める。

4　丼にごはんを盛りつけ、③をかけ、長ねぎをのせる。

鶏昆布出汁とミニトマト、ほうれん草のスープ

材料　2人分

ほうれん草	½束（100g）
ミニトマト	8〜14個（残り全部）
しょうが	½かけ
長ねぎ	¾本
鶏昆布出汁	300ml
塩	適量

作り方

1　ほうれん草は4cm長さに切り、水を張ったボウルに10分ほど入れてアクを抜く。ざるにあげ、しっかり水気をきる。しょうがは千切りにする。長ねぎは4cmの長さに細切りにする。

2　鶏昆布出汁、ミニトマトと①の長ねぎを小鍋に入れ、中火にかける。煮立ったらふたをして、5分弱火で煮る。ミニトマトをかるくつぶし、①のほうれん草としょうが、塩小さじ½を加え、ひと煮立ちしたら火を止める。味をみてたりなければ塩で調える。

鶏ひき肉と
アスパラガスの
和風あんかけ丼

鶏昆布出汁と
ミニトマト、
ほうれん草のスープ

Recipe Calendar 4th Week

金 Friday

金曜日の材料

- □ 米
- □ かぼちゃ
- □ 鶏もも肉
- □ クリームチーズ
- □ ローリエ
- □ にんにく
- □ 大根
- □ ツナ缶

かぼちゃとチキンのリゾット

材料　2人分

米（とがずに）	100g
かぼちゃ	⅛個
（種、ワタを取り除いて150g）	
鶏もも肉（親子丼用カット肉でも可）	150g
クリームチーズ	15g
ローリエ（あれば）	1枚
にんにくのすりおろし	½かけ分
白ワイン	100ml
塩、粗びき黒こしょう	各適量
オリーブオイル	大さじ1

作り方

1 鶏肉は2cm角に切る。かぼちゃは3〜4cm角に切る。

2 鍋にオリーブオイルを中火で熱し、①の鶏肉、塩小さじ¼を入れて炒める。色が変わったら米をとかずにそのまま加え、透き通るまで炒める。①のかぼちゃと白ワインを加え、ローリエを加えて煮立ったら、ふたをして、弱火で5分蒸し煮にする。

3 ふたを開けて水気を飛ばし、湯150mlを加える。米が水を吸って米粒がはっきり見えてきたら、湯250mlを加え、米がやわらかくなるまで12〜15分煮る。ローリエを取り除く。

4 かぼちゃをかるくつぶし、クリームチーズと塩小さじ½、にんにくを加え、ざっと混ぜたら味をみて、塩で調える。器に盛りつけ、黒こしょうを振る。

米ひと粒ずつにオイルをコーティングするように炒めるのがコツ

大根とツナのサラダ

材料　2人分

大根	150g（残り全部）
塩	ひとつまみ
ツナ缶（ノンオイル）	1缶（70g）
A｜マヨネーズ	小さじ1
A｜塩	ひとつまみ
A｜粗びき黒こしょう	少々
A｜ごま油	小さじ½

作り方

1 大根は皮をむいてスライサーなどで細切りにする。ボウルに入れ、塩を振ってかるく混ぜ、10分おく。出てきた水気をしっかりとしぼる。

2 ①にツナを缶汁ごと加え、**A**をを合わせてさっと混ぜる。

大根とツナのサラダ

かぼちゃと
チキンのリゾット

おわりに

今夜は、冷蔵庫にあるお肉を使う予定。

お肉、つぶしたにんにく、お酒と一緒にお米を炊いて、

コチュジャンを添えて食べたら、きっと美味しい。

あとは青菜でもゆでればいいかな。

でも、もしかしたら面倒になって、外に食べに行っちゃうかもしれません。

料理を仕事にしている私にしたって、こんなもの。

今日、疲れて料理をしなくても、明日はやる気が出るかもしれない。

そのくらいの気楽さでいいのです。

「食べたいものを、私は作ろうと思えば自分の手で作り出せる」

その自信は小さく見えて、きっとすごく大切。

どんな日でも、自分が美味しいと思える料理ができたなら、

気づけばごきげんに、少し前を向ける気がします。

Profile

長谷川あかり
HASEGAWA AKARI

料理家・管理栄養士。「なんでもない日を幸せにする、シンプルで豊かなごはん」をテーマに、忙しい現代人に刺さるレシピを発信。食材や調味料の組み合わせのセンスを生かした、シンプルながらおしゃれでやさしさを感じる味わいと、栄養バランスの両立を叶える提案で絶大な支持を集める。ファッション誌BAILAと公式ウェブサイト@BAILAの連載『長谷川あかりのご自愛ごはん』が人気を博し、本書に至る。

Staff

Design	根本真路
Photo	須藤敬一
Styling	中里真理子
Hair&make-up	山口春菜 (p.46 / p.95)
Text	福山雅美
Edit	平田真優香

わたしが整う、ご自愛ごはん
仕事終わりでもサッと作れて、じんわり美味しいレシピ30days

2025年3月31日　第1刷発行
2025年6月15日　第3刷発行

著者　　長谷川あかり
発行人　長内育子
発行所　株式会社集英社
　　　　〒101-8050　東京都千代田区一ツ橋2-5-10
　　　　〈編集部〉03-3230-6096
　　　　〈読者係〉03-3230-6080
　　　　〈販売部〉03-3230-6393（書店専用）
印刷所　株式会社DNP出版プロダクツ
製本所　株式会社ブックアート

定価はカバーに表示してあります。造本には十分注意しておりますが、印刷・製本など製造上の不備がありましたら、お手数ですが小社「読者係」までご連絡ください。古書店、フリマアプリ、オークションサイト等で入手されたものは対応いたしかねますのでご了承ください。なお、本書の一部あるいは全部を無断で複写・複製することは、法律で認められた場合を除き、著作権の侵害となります。また、業者など、読者本人以外によるデジタル化は、いかなる場合でも一切認められていませんのでご注意ください。
記載されている情報は2025年1月時点のものです。掲載されている商品は、販売中止となる場合がございます。

ISBN978-4-08-790191-7　C2077
©AKARI HASEGAWA 2025 Printed in Japan